Mijn tweetalige prentenboek
كتابي المصور ثنائي اللغة

Sefa's mooiste kinderverhalen in één bundel

Ulrich Renz • Barbara Brinkmann:

Slaap lekker, kleine wolf · نَمْ جيداً، أيُها الذئبُ الصغيرْ

Voor kinderen vanaf 2 jaar en ouder

Cornelia Haas • Ulrich Renz:

Mijn allermooiste droom · أَسْعَدُ أَحْلَامِي

Voor kinderen vanaf 2 jaar en ouder

Ulrich Renz • Marc Robitzky:

De wilde zwanen · البجع البري

Een sprookje naar Hans Christian Andersen

Voor kinderen vanaf 5 jaar en ouder

© 2024 by Sefa Verlag Kirsten Bödeker, Lübeck, Germany. www.sefa-verlag.de

Special thanks to Paul Bödeker, Freiburg, Germany

All rights reserved.

ISBN: 9783756304059

Lezen · Luisteren · Begrijpen

Vertaling:

Jonathan van den Berg (Nederlands)

Abdelaaziz Boussayer (Arabisch)

Luisterboek en video:

www.sefa-bilingual.com/bonus

Gratis toegang met het wachtwoord:

Nederlands: **LWNL2321**

Arabisch: **LWAR1027**

Goedenacht, Tim! We zoeken morgen verder.
Voor nu slaap lekker!

ليلة سعيدة يا تيم!

غداً سَنُتابعُ البحث. أما الآنْ فنمْ جيدا!

Buiten is het al donker.

لقد حلَّ الظلام.

Wat doet Tim daar?

ماذا يَفعلُ تيم هُناك؟

Hij gaat naar de speeltuin.

Wat zoekt hij daar?

إنه خارِجٌ إلى الملعب.
عَنْ ماذا يبحَثُ هُناك؟

De kleine wolf!

Zonder hem kan hij niet slapen.

عَنْ الذئب الصغير!

لأنه لا يستطيع النومَ بدونه.

Wie komt daar aan?

مَنْ القَادِمْ؟

Marie! Ze zoekt haar bal.

إنها ماري! تبحث عن كُرَتِها.

En wat zoekt Tobi?

و عَنْ ماذا يَبحَثُ طوبي؟

Zijn graafmachine.

عن حَفَّارَتِهِ.

En wat zoekt Nala?

و عَنْ ماذا تَبحَثُ نالا؟

Haar pop.

عن دُميتِها.

Moeten de kinderen niet naar bed?
De kat is erg verwonderd.

ألم يَحِنْ وقت نَوِم الأطفال؟
تَتَساءَلُ القطة بعجب.

Wie komt er nu aan?

مَن القَادِم الآن؟

De mama en papa van Tim!
Zonder hun Tim kunnen zij niet slapen.

أمُ تيم و أبوه!
فهم لا يَستَطِيعونَ النَّومَ بدونِ ابنِهما تيم.

En er komen nog meer! De papa van Marie.
De opa van Tobi. En de mama van Nala.

و هنالك المزيدُ قادمون!
أبُو ماري. جدُّ طوبي. و أمُ نالا.

Nu snel naar bed!

الآن أسرِعوا إلى النوم!

Goedenacht, Tim!

Morgen hoeven we niet meer te zoeken.

ليلة سعيدة يا تيم!

غداً لن يكونَ علينا البحثُ مجدداً.

Slaap lekker, kleine wolf!

نَمْ جيداً، أيُها الذئبُ الصغيرْ!

Cornelia Haas • Ulrich Renz

Mijn allermooiste droom
أَسْعَدُ أَحْلَامِي

Vertaling:

Gino Morillo Morales (Nederlands)

Oumaima Naffouti (Arabisch)

Luisterboek en video:

www.sefa-bilingual.com/bonus

Gratis toegang met het wachtwoord:

Nederlands: **BDNL2321**

Arabisch: **BDAR1027**

Mijn
allermooiste droom

أَسْعَدُ أَحْلَامِي

Cornelia Haas · Ulrich Renz

Nederlands　　　tweetalig　　　Arabisch

Lulu kan niet slapen. Alle anderen zijn al aan het dromen – de haai, de olifant, de kleine muis, de draak, de kangoeroe, de ridder, de aap, de piloot. En het leeuwenwelpje. Zelfs de beer heeft moeite om zijn ogen open te houden ...

Hé beer, neem je me mee in je dromen?

لُولُو لَا تَسْتَطِيعُ النَّوْمَ، الْآخَرُونَ فِي سُبَاتٍ عَميقٍ يَحْلُمُونَ؛ الْقِرْشُ، اَلْفِيلُ، الْفَأْرَةُ الصَّغِيرَةُ، التِّنِّينُ، الْكُنْغُرُ، الفَارِسُ، اَلْقِرْدُ، الطَّيَّارُ وَاَلْشِبْلُ. حَتَّى الدَّبُّ الصَّغِيرُ يَفْتَحُ أُعيَنَهُ بِصُعوبَةٍ أَيُّهَا الدُّبُّ الصَّغِيرُ!

هَلْ تَأْخُذُنِي مَعَكَ فِي حُلْمِكَ؟

En zo bevindt Lulu zich in berendromenland. De beer is vissen aan het vangen in Meer Tagayumi. En Lulu vraagt zich af: wie woont daarboven in de bomen?

Wanneer de droom voorbij is, wil Lulu nog meer beleven. Kom mee, laten we de haai bezoeken! Wat zou hij nu dromen?

وَفِي الْحَالِ هَاهِي لُولُو فِي بَلَدِ أَحْلَامِ الدِّبَبَةِ. كَانَ الدُّبُّ الصَّغِيرُ يَصْطَادُ الأَسْمَاكَ فِي بُحَيْرَةِ تَاغَايُومِي وَلُولُو تَتَسَاءَلُ مَنْ يُمْكِنُهُ الْعَيْشَ فَوْقَ الأَشْجَارِ.

عِنْدَمَا انْتَهَى الْحُلْمُ، لُولُو تُرِيدُ مُغَامَرَةً أُخْرَى. تَعَالَ مَعِي لِرُؤْيَةِ الْقِرْشِ، بِمَاذَا هُوَ حَالِمٌ؟

De haai speelt tikkertje met de vissen. Eindelijk heeft ook hij vrienden! Niemand is bang voor zijn scherpe tanden.

Wanneer de droom voorbij is, wil Lulu nog meer beleven. Kom mee, laten we de olifant bezoeken! Wat zou hij nu dromen?

القِرْشُ يَلْعَبُ لِعْبَةَ المُطارَدَةِ مَعَ الأَسْماكِ. أخيراً أَصْبَحَ لَهُ أَصْدِقاءٌ! لا أَحَدَ يَخافُ أَسْنانَهُ المُذَبَّبَة.

عِنْدَما انْتَهَى الحِلْمُ، لُولُو مازالَتْ تُرِيدُ مُغامَرَةً أُخْرَى. تَعالَيا مَعِي لِرُؤْيَةِ الْفِيلِ بِماذَا هوَ حالِمٌ؟

De olifant is zo licht als een veertje en kan vliegen! Hij staat op het punt om te landen in de hemelse weide.

Wanneer de droom voorbij is, wil Lulu nog meer beleven. Kom mee, laten we de kleine muis bezoeken! Wat zou zij nu dromen?

اَلْفِيلُ خَفِيفٌ مِثْلِ الرَّيْشَةِ وَيَسْتَطِيعُ الطَّيَرَانَ. وَهُوَ عَلَى وَشَكِ أَنْ يَحُطَّ فِي المَرْجِ السَّمَوِيِّ. عِنْدَمَا انْتَهَى الحِلْمُ، لُولُو مَازَالَتْ تُرِيدُ مُغَامَرَةً أُخْرَى. تَعَالَوْا مَعِي لِرُؤْيَةِ الفَأْرَةِ الصَّغِيرَةِ بِمَاذَا هِيَ حَالِمَةٌ؟

De kleine muis is naar de kermis aan het kijken. De achtbaan vindt ze het leukste.
Wanneer de droom voorbij is, wil Lulu nog meer beleven. Kom mee, laten we de draak bezoeken! Wat zou hij nu dromen?

الفَأْرَةُ الصَّغيرَةُ تَزورُ مَدينَةَ المَلاهي. أَعْجَبَتْها لُعْبَةُ الأُفْعَوانَةِ كَثيراً.
عِنْدَما انْتَهَى الحِلْمُ، لولو تُريدُ مُغامَرَةً جَديدَةً. تَعالَوْا مَعي لِرُؤْيَةِ التِّنِّينِ بِماذا هوَ حالِمٌ؟

De draak heeft dorst van al het vuurspugen. Hij zou graag het hele limonademeer leegdrinken.

Wanneer de droom voorbij is, wil Lulu nog meer beleven. Kom mee, laten we de kangoeroe bezoeken! Wat zou zij nu dromen?

التِّنِّينُ عَطْشانٌ لِأَنَّهُ يَنْفُثُ النَّارَ مِنْ فَمِهِ. يَتَمَنَّى شُرْبَ بُحَيْرَةِ عَصيرِ اللَّيْمونِ كامِلَةً.

عِنْدَما انْتَهَى الحِلْمُ، لُولُو مازالَتْ تُريدُ مُغامَرَةً أُخْرَى. تَعالَوْا مَعي نَزورَ الْكَنْغَرَ بِماذا هوَ حالِمٌ؟

De kangoeroe springt door de snoepfabriek en vult haar buidel. Nog meer gummibeertjes! En drop! En chocolade!
Wanneer de droom voorbij is, wil Lulu nog meer beleven. Kom mee, laten we de ridder bezoeken! Wat zou hij nu dromen?

الْكَنْغَرُ يَقْفِزُ فِي مَصْنَعِ الْحَلْوَى وَيَمْلَأُ جَيْبَهُ مَزِيدًا مِنْ هَذِهِ الْحَلْوَى الزَّرْقاءِ! مَزِيدًا مِنَ الْمَصَاصَاتِ! وَالشُّكَلَاطَةُ!

عِنْدَمَا انْتَهَى الْحِلْمُ، لُولُو مَازَالَتْ تُرِيدُ مُغَامَرَةً أُخْرَى. تَعَالَوْا مَعِي لِرُؤْيَةِ الفارِسِ بِمَاذَا هُوَ حالِمٌ؟

De ridder is bezig met een taartgevecht met de prinses van zijn dromen.
Oeps! De slagroomtaart gaat ernaast!
Wanneer de droom voorbij is, wil Lulu nog meer beleven. Kom mee, laten we de aap bezoeken! Wat zou hij nu dromen?

الفارِسُ يَخوضُ مَعْرَكَةَ المُرَطِّباتِ مَعَ أَميرَةِ أَحْلامِهِ. يَا لَلْهَوْلِ! قِطْعَةُ المُرَطِّباتِ أَخْطَأَتْ الهَدَفَ!

عِنْدَمَا انْتَهَى الحِلْمُ، لُولُو مَازَالَتْ تُريدُ مُغامَرَةً أُخْرَى. تَعالوْا مَعِي لِرُؤْيَةِ القِرْدِ بِماذَا هوَ حالِمٌ؟

Eindelijk is er sneeuw gevallen in Apenland. De hele groep apen is door het dolle heen. Het is een echte apenkooi.
Wanneer de droom voorbij is, wil Lulu nog meer beleven. Kom mee, laten we de piloot bezoeken! Wat zou hij nu dromen?

تَساقطَ الثَّلجُ أَخيرًا فِي أَرْضِ القِرَدَةِ. فِرْقَةُ القِرَدَةِ خَرَجَتْ مِنْ دِيارِهَا يَشْعُرُونَ بِالنَّشْوَةِ وَ يَتَصَرَّفُونَ مِثْلَ المَجانين، تُغْنِي وَتَرْقُصُ وَتَقُومُ بِحَماقاتٍ.

عِنْدَمَا انْتَهَى الحِلْمُ، لُولُو مَازالَتْ تُريدُ مُغامَرَةً أُخْرَى. تَعالَوْا مَعِي لِرُؤْيَةِ الطَّيَّارِ أَيْنَ رَسَى حُلْمَهُ؟

De piloot vliegt verder en verder. Naar het einde van de wereld en nog verder, helemaal tot aan de sterren. Geen andere piloot heeft dat ooit gedaan. Wanneer de droom voorbij is, is iedereen al heel moe en willen ze niet meer zo veel beleven. Maar toch willen ze het leeuwenwelpje nog bezoeken. Wat zou zij nu dromen?

الطَّيَّارُ يَطِيرُ وَيَطِيرُ حَتَّى نِهايَةِ العالَمِ وَأَكْثَرَ، حَتَّى النُّجومِ. لَمْ يَفْعَلْها حَتَّى طَيَّارٌ مِنْ قَبْلِهِ.
عِنْدَما انْتَهَى الحِلْمُ، كَانَ الكُلُّ مُتْعَبًا وَلَا يَرْغَبُونَ فِي مُغامَراتٍ جَديدَةٍ لَكِنَّهُمْ يُريدونَ زِيارَةَ
الشِّبْلِ بِمَاذَا هوَ حالِمٌ يَا تَرَى؟

Het leeuwenwelpje heeft heimwee en wil terug naar haar warme, knusse bed.
Dat willen de anderen ook.

En daar begint ...

اَلْشِبْلُ يَشْتَاقُ إِلَى دِيارِهِ وَيُرِيدُ الرُّجوعَ لِفِراشِهِ الدّافِئِ الحَنونِ.

والْآخَرونَ أَيْضًا.

وَهُنَا يَبْدَأُ...

… Lulu's allermooiste droom.

… أَسْعَدُ أَحْلامِ لُولُو.

Ulrich Renz • Marc Robitzky

De wilde zwanen

البجع البري

Vertaling:

Christa Kleimaker (Nederlands)

Inana Othman, Seraa Haider (Arabisch)

Luisterboek en video:

www.sefa-bilingual.com/bonus

Gratis toegang met het wachtwoord:

Nederlands: **WSNL2121**

Arabisch: **WSAR1027**

Ulrich Renz · Marc Robitzky

De wilde zwanen
البجع البري

Een sprookje naar
Hans Christian Andersen

+ audio + video

Nederlands — tweetalig — Arabisch

Er waren eens twaalf koningskinderen – elf broers en een grote zus, Elisa. Ze leefden gelukkig in een prachtig kasteel.

كان ياما كان في سالف العصر والأوان، كان يوجد ملك لديه اثنى عشر إبناً وإبنة – أحد عشر أميراً وأختهم الكبرى، إليزا. كانوا يعيشون بسعادة في قصر جميل.

Op een dag stierf hun moeder en een poosje later trouwde de koning opnieuw. Maar de nieuwe vrouw was een boze heks. Ze toverde de elf prinsjes om in zwanen en stuurde ze naar een vreemd land heel ver weg, aan de andere kant van het grote bos.

في يوم من الأيام ماتت الأم، وبعد مدة من الزمن تزوج الملك ثانيةً. الزوجة الجديدة للملك كانت ساحرة شريرة؛ فقد سحرت الأمراء الإثني عشر وحوّلتهم إلى بجع وأبعدتهم إلى بلاد نائية، محاطة بالغابات من كل جوانبها.

Ze kleedde het meisje in vodden en smeerde haar een zalfje op het gezicht dat haar zo lelijk maakte dat zelfs haar eigen vader haar niet meer herkende en haar uit het kasteel verjaagde. Elisa rende het donkere bos in.

أما الأميرة، فقد ألبستَها الملكة الساحرة رداءاً رثّاً ولطَّخت وجهها بصباغ قبيح، حتى أنَ أباها الملك لم يعد بمقدوره التعرف عليها، فقام بطردها من القصر. إليزا هربت راكضةً إلى الغابة المظلمة.

Nu was ze helemaal alleen, en verlangde in het diepst van haar ziel naar haar verdwenen broers. Toen de avond viel maakte ze onder de bomen een bed van mos.

أصبحت الأميرة، الآن، وحيدة تماماً وتشعر بشوق شديد من أعماق قلبها الى إخوتها المفقودين. وحين حلَ الليل صنعت الأميرة لنفسها سريراً من الأعشاب والأشنة تحت الاشجار.

De volgende ochtend kwam ze bij een stille vijver en schrok ze toen ze daarin haar eigen spiegelbeeld zag. Maar nadat ze zich had gewassen, was ze het mooiste koningskind onder de zon.

في صباح اليوم التالي واصلت الأميرة سيرها ووصلت إلى بحيرة هادئة، إلى أن ارتعبت حين رأت إنعكاس وجهها على سطح ماء البحيرة، فقامت بغسل وجهها، وعادت مرة اخرى أجمل أميرة تحت الشمس.

Na vele dagen bereikte Elisa de grote zee. Op de golven schommelden elf zwanenveren.

بمرور الأيام وصلت الأميرة إلى البحر الكبير، حيث كانت إحدى عشرة ريشة من ريش البجع تتأرجح على الأمواج.

Toen de zon onderging, ruisde er iets in de lucht en elf wilde zwanen landden op het water. Onmiddellijk herkende Elisa haar elf betoverde broers. Maar omdat ze de zwanentaal spraken, kon zij hen niet verstaan.

أثناء غروب الشمس تناهت أصوات في الأجواء، وعلى أثرها هبط أحد عشر بجعاً برياً على الماء. على الفور أدركت إليزا أنهم أشقاؤها الأحد عشر. ولأنهم يتحدثون فقط لغة البجع، لم تستطع أن تفهم كلامهم.

Overdag vlogen de zwanen weg, maar 's nachts vlijden de broers en zus zich in een grot tegen elkaar aan.

In een nacht had Elisa een vreemde droom: Haar moeder vertelde haar hoe ze haar broers kon bevrijden. Ze moest voor iedere zwaan een hemdje van brandnetels breien en het dan over hem heen werpen. Tot die tijd mocht ze geen woord spreken, want anders zouden de broers sterven.
Elisa ging gelijk aan het werk. Hoewel haar handen brandden als vuur, breide ze onvermoeid door.

أثناء النهار كان البجع يطير بعيداً، وليلاً يحتضن الأخوة بعضهم بعضاً في الكهف.

في إحدى الليالي حلمت إليزا حلماً غريباً :رأت أمها تخبرها فيه،كيف تفكَّ السحر عن إخوتها، حيث يجب عليها أن تحيك قميصاً صغيراً من نبات القرَاص لكل بجعة، وأن تلق به عليها. لكن لا يتوجب عليها أن تنطق بكلمة واحدة، إلى أن تنهي المهمة؛ وإلَا فسيموت إخوتها.
على الفور بدأت إليزا بالعمل وعلى الرغم من لسعات نبات القرّاص الحارقة ليديها إلاّ أنها واظبت على الحياكة دون كلٍ أو ملل.

Op een dag klonken er in de verte jachthoorns. Een prins met zijn gevolg kwam aangereden en stond al snel voor haar. Toen ze elkaar in de ogen keken, werden ze verliefd.

في أحد الأيام تناهت أصوات أبواق الصيد من البعيد إلى مسامعها. ظهر أمير بصحبة حاشيته، وعلى الفور أسرع الأمير إلى المثول أمامها. وبمجرد رؤيتهما لبعضهما وقعا في الحب.

De prins tilde Elisa op zijn paard en reed met haar naar zijn kasteel.

قام الأمير بوضع إليزا على حصانه وتوجه بها إلى قصره.

De machtige schatbewaarder was over de aankomst van het stomme meisje helemaal niet blij. Zijn eigen dochter zou de bruid van de prins moeten worden.

وزير الخزانة القوي فور أن رأى البكماء الجميلة أصبح أبعد مايكون عن السعادة. إبنته كانت العروس المرتقبة للأمير.

Elisa was haar broers niet vergeten. Iedere avond werkte ze verder aan de hemdjes. Op een nacht sloop ze naar het kerkhof om verse brandnetels te plukken. Daarbij had de schatbewaarder haar in het geheim gade geslagen.

إليزا لم تنس إخوتها. مساء كل يوم كانت تقوم بمواصلة حياكة القمصان. في إحدى الليالي ذهبت إلى المقبرة لجلب بعض نبات القرّاص الطري وكان وزير الخزانة يراقبها سراً.

Zodra de prins op jacht was, liet de schatbewaarder Elisa in de kerker gooien. Hij beweerde dat zij een heks was die 's nachts andere heksen ontmoette.

وحين كان الأمير في إحدى رحلات الصّيد، رمى وزير الخزانة إليزا في السجن. حيث ادّعى بأنها ساحرة شريرة تلتقي ليلاً بساحرات أخريات.

Bij het aanbreken van de dag werd Elisa door de bewakers opgehaald. Ze zou op de markt worden verbrand.

وفي مطلع الفجر أقتيدت إليزا من قبل الحراس كي يتم إحراقها في ساحة المدينة.

Nauwelijks waren ze daar aangekomen toen plotseling elf witte zwanen aangevlogen kwamen. Snel gooide Elisa iedere zwaan een brandnetel-hemdje over. Al gauw stonden al haar broers als mensen voor haar. Alleen de kleinste, wiens hemdje nog niet helemaal klaar was, had nog een vleugel in plaats van een arm.

وبمجرد أن وصلت إليزا هناك، حتى حامت فجأة إحدى عشرة بجعة بريّة بيضاء. وبسرعة رمت إليزا على كل واحدة منها قميصاً معمولاً من نبات القرّاص. وعلى الفور وقف إخوتها أمامها على هيأتهم البشرية. فقط الأخ الأصغر، لم يكن قميصه قد اكتمل تماماً، فبقيت إحدى ذراعيه جناحاً.

Het omhelzen en kussen van de broers en zus was nog niet afgelopen toen de prins terugkeerde. Eindelijk kon Elisa hem alles uitleggen. De prins liet de boze schatbewaarder in de kerker gooien. En daarna werd er zeven dagen lang bruiloft gevierd.

En ze leefden nog lang en gelukkig.

تواصلت القبلات والأشواق بين الإخوة حتى بعد عودة الأمير. وأخيراً استطاعت إليزا أن تسرد للأمير كل حكايتها. ألقي الأمير الوزير الشرير في السجن، واستمرت الأفراح والليالي الملاح طوال سبعة أيام.

ولو لم يكن الموت قدراً محتوماً لكانوا عاشوا إلى يومنا هذا.

Hans Christian Andersen

Hans Christian Andersen werd 1805 in de Deense stad Odense geboren en overleed in 1875 te Kopenhagen. Door de sprookjes zoals "De kleine zeemeermin", "De nieuwe kleren van de keizer" of "Het lelijke eendje" werd hij wereldberoemd. Dit sprookje, "De wilde zwanen", werd voor het eerst in 1838 gepubliceerd. Het werd sindsdien in meer dan honderd talen vertaald en in vele versies o.a. ook voor het theater, film en musical bewerkt.

Barbara Brinkmann werd geboren in 1969 in München (Duitsland). Ze studeerde architectuur in München en is momenteel werkzaam bij de faculteit Bouwkunde van de Technische Universiteit van München. Ze werkt ook als grafisch ontwerper, illustrator en auteur.

Cornelia Haas werd geboren in 1972 in Ichenhausen bij Augsburg (Duitsland). Ze studeerde design aan de Hogeschool van Münster, waar ze als ontwerpster afstudeerde. Sinds 2001 illustreert ze boeken voor kinderen en jongeren en sinds 2013 doceert ze acryl- en digitale schilderkunst aan de Hogeschool Münster.

Marc Robitzky, geboren in 1973, studeerde aan de technische kunstschool in Hamburg en de Academie voor Beeldende Kunsten in Frankfurt. Hij werkte als zelfstandig illustrator en communicatie designer in Aschaffenburg (Duitsland).

Ulrich Renz werd geboren in 1960 in Stuttgart (Duitsland). Hij studeerde Franse literatuur in Parijs en geneeskunde in Lübeck, waarna hij als directeur van een wetenschappelijke uitgeverij werkte. Vandaag de dag is Renz freelance auteur en schrijft hij naast non-fictie ook boeken voor kinderen en jongeren.

Hou je van tekenen?

Hier vindt je alle illustraties van het verhaal om in te kleuren:

www.sefa-bilingual.com/coloring

www.ingramcontent.com/pod-product-compliance
Lightning Source LLC
LaVergne TN
LVHW070443080526
838202LV00035B/2713